Inhalt

Robotik-Entwicklungen

Kernthesen

Beitrag

Fallbeispiele

Weiterführende Literatur

Impressum

Robotik-Entwicklungen

I.Zeilhofer-Ficker

Kernthesen

- 105 000 Industrieroboter sind in Deutschland im Einsatz - zusammen mit Japan ist die BRD damit Weltspitze.
- Entgegen der schlechten Wirtschaftslage wird erwartet, dass die Branche in den Jahren 2003 bis 2006 mit einem Wachstum von mindestens 4 Prozent jährlich rechnen kann.
- Innovationen im Bereich der parallelen Kinematik, der Sensorik und Bildverarbeitung sowie in der Steuerungstechnik begünstigen den positiven Geschäftsverlauf.
- Kooperierende Roboter - "Kobots" sollen künftig als Assistenten und intelligente Helfer für Produktionsmitarbeiter dienen.

- Die Arbeit an der Entwicklung von menschenähnlichen Robotern, wie wir sie heute nur aus Science Fiction Filmen kennen, ist in vollem Gange und erste Prototypen sind bereits im Einsatz.
- Für den Dienstleistungsbereich sind Roboter für den Gebäude- und Geländeschutz, als Hilfe im Alltag und Haushalt, als "eiserne Krankenschwester" sowie für viele andere Anwendungen in Arbeit.

Beitrag

Roboter sind "in" in Deutschland

Nach einem leichten Einbruch im Jahr 2002 erholte sich der Absatz von Industrierobotern in 2003 und man erwartet für die Jahre 2003 bis 2006 ein jährliches Umsatzwachstum von mindestens 4 Prozent pro Jahr. Mit 105 000 installierten Industrierobotern von weltweit 770 000 ist Deutschland damit zusammen mit Japan noch vor den USA an der Weltspitze. Ende 2002 waren in Deutschland pro 10 000 Beschäftigte 135 Roboter in der Fertigung im Einsatz. (1)

Die meisten Roboter sind in der Automobilindustrie

zu finden (53 %). Rund ein Drittel aller installierten Roboter werden für Schweißarbeiten genutzt, mit 15 % liegt der Materialtransport an zweiter Stelle. (1)

Doch nicht nur in der Fertigung möchte man die eisernen Helfer nicht mehr missen. Mehr und mehr Bedeutung erlangt der Einsatz von Servicerobotern sowie von Sicherheitsrobotern für den Gebäudeschutz. (2), (3)

Im privaten Bereich ist zu erwarten, dass uns die Blechkameraden künftig als Hilfe im Haushalt sowie bei der Pflege und Betreuung von kranken und alten Menschen zur Verfügung stehen werden.

Roboter als Jobkiller?

Allzu leicht könnte man den Schluss ziehen, dass die hohe Arbeitslosigkeit in Deutschland mit dem Einsatz von so vielen Robotern zu tun haben könnte. Fakt ist aber, dass die Arbeitsplätze in Betrieben mit hohem Robotereinsatz sicherer sind, als in anderen Unternehmen. Der Grund dafür ist die hohe Qualität und damit die Wettbewerbsfähigkeit, mit der robotergefertigte Produkte aufwarten können. Denn der Mensch ermüdet schnell, wenn schwere oder gar gesundheitsschädliche Arbeiten durchzuführen sind. Die Fehler häufen sich, es muss nachgebessert oder korrigiert werden oder die Qualität leidet. (4)

Die "eisernen Kollegen" sind vor allem dort rentabel, wo schwere Teile mit hoher Präzision bearbeitet werden müssen. Schweiß- und Montagearbeiten in der Automobilindustrie sind so zum klassischen Einsatzbereich für Roboter geworden. Ebenso werden Tätigkeiten, die für die menschliche Gesundheit eine Gefahr darstellen könnten, bereits häufig von Robotern übernommen. Lackierarbeiten im Fahrzeugbau gehören ebenso dazu, wie Wartungs- und Reparaturarbeiten in Kernkraftwerken oder anderen gefährlichen Umgebungen. (4), (5)

Roboter haben sich also mitnichten als Jobkiller erwiesen. Im Gegenteil, sie schützen den arbeitenden Menschen vor gesundheitlichen Schädigungen und sichern durch Qualitätsarbeit die Wettbewerbsfähigkeit von Unternehmen und damit auch die dort vorhandenen Arbeitsplätze. Es gibt sogar Beispiele von Betrieben, die gerade durch den Robotereinsatz neue Arbeitsplätze schaffen konnten. (4)

Technische Entwicklungen

Kobots - kollaborierende Roboter als Assistent für den Produktionsarbeiter

Da Roboter (noch) nicht intelligent genug sind, um auf Menschen Rücksicht zu nehmen, war es bisher aus Sicherheitsgründen nicht möglich, dass Roboter und Mensch neben- und miteinander arbeiten. (6) Schon bald soll sich das ändern. In Zusammenarbeit von Wissenschaftlern aus Deutschland, USA und Japan sind mittlerweile Kobot-Prototypen entstanden, die bei General Motors bei der Montage von Autotüren getestet werden. Der Begriff Kobot steht für kooperierender oder kollaborierender Roboter. Das Fraunhofer-Institut für Produktionstechnik und Automatisierung (IPA), Stuttgart sowie das Fraunhofer-Institut für Produktionsanlagen und Konstruktionstechnik (IPK), Berlin spielen bei der (Weiter-) Entwicklung von Kobots und damit von Kooperationsarbeitsplätzen eine Schlüsselrolle. (5), (www.ipa.fhg.de)

Man will erreichen, dass der Mensch vom Kobot als intelligenter Assistent unterstützt wird, der alle schweren und kräftezehrenden Arbeiten übernimmt und Ungenauigkeiten des Arbeiters ausgleicht. Die Verletzungsgefahr im Produktionsprozess soll reduziert und ein ergonomisches Arbeiten ermöglicht werden. (5), (6)

In die gleiche Richtung geht die Entwicklung einer Sicherheitsfunktion als Bestandteil der Robotersteuerung. Ein Safetycontroller überwacht kontinuierlich die Umgebung des Roboters während des Arbeitsprozesses. Nähert sich ein Mensch, um beispielsweise den Prozess zu kontrollieren, reduziert sich die Prozessgeschwindigkeit so weit, dass für den Menschen keine Gefahr mehr besteht. Werden Geschwindigkeits- oder Positionsgrenzen überschritten, wird der Roboter sofort und sicher stillgesetzt. (7)

Sensorik, Bildverarbeitung und Softwareentwicklung

Für die diversen Aufgaben des Materialflusses wie Sortieren, Palettieren oder Transportieren ist eine hochentwickelte Sensorik und Bildverarbeitung unverzichtbar. Neue Softwareentwicklungen zur Sensordaten- und Bildverarbeitung versetzen zum Beispiel einen Roboter in die Lage, pro Stunde 350 Kartons von unterschiedlicher Größe mit einer Packungsdichte von mehr als 80 Prozent auf Paletten zu platzieren. Ein professioneller, menschlicher Packer erreicht diese Leistung nicht ganz. (8)

Kamera- und Ultraschallerkennungssysteme in Roboterlösungen verhelfen der Getränkeindustrie bei der Flaschen- und Kastensortierung zu Kostenreduzierungen von bis zu 50 Prozent gegenüber manueller Sortierung. (9)

Wie weit Bildverarbeitung, Robotertechnik, Greifertechnologie und entsprechende Softwareentwicklung bereits fortgeschritten sind, verdeutlicht der auf der Motek 2003 vorgestellte ballspielende Roboter von ABB sowie der humanoide Roboter von Sony, der rennen, also immer wieder beide Füße gleichzeitig ohne Bodenkontakt in der Luft haben kann, ohne hinzufallen. (10), (11)

Manche Roboter lassen sich durch Führung des Roboterarmes zu einer bestimmten Stelle mit Eckdaten programmieren. Der Roboter misst die auftretenden Kräfte per Sensor und "lernt", welche Position der Greifarm für die Aufgabe einnehmen soll. (12)

Radarsensoren und Infrarotscanner in Sicherheitsrobotern erkennen ungewöhnliche Bewegungen, Gas, Rauch, Schall und Personen und helfen damit dem Wachpersonal beim Schutz der Firmengebäude vor Diebstahl, Feuer oder ähnlichen

Gefahren. Im Außenbereich werden diese Funktionen durch Thermokameras ergänzt. (3)

Parallelkinematik

Industrieroboter mit serieller kinematischer Struktur sind in Bezug auf weitere Produktivitätsverbesserung mittlerweile an ihre Grenzen gestoßen. Seit einiger Zeit wird daher an Robotersystemen gearbeitet, die auf Parallelkinematik basieren. Diese Neuentwicklungen bedürfen allerdings noch der Verbesserung bezüglich der Kommunikationssysteme sowie der Steuerungs- und Regelungsalgorithmen. Durch den Einsatz von zusätzlichen Sensoren in den Gelenken sowie durch Adaptronik werden die vorhandenen Prototypen sinnvoll ergänzt und ihre Leistungsfähigkeit gesteigert. (13)

Fallbeispiele

Produktionsroboter

Eine perfekte Schweißnaht garantiert die Kombination von Schweißrobotern der Firma ABB mit einem Scout-Lasersensor. Der Roboter erkennt Toleranzen des Werkstückes und passt die Breite der Schweißnaht entsprechend an. ABB baute auch den oben erwähnten ballspielende Roboter und fungiert als Makler für gebrauchte Roboter. (10), (14)

Der Knickarmroboter Katana von Neuronics (Zürich) kann dank niedriger Kräfte direkt und ohne Abschrankungen mit Menschen zusammenarbeiten. Durch Objekterkennung, direkte Sensorauswertung und Interaktion mit der Umwelt ist die Programmierung denkbar einfach. Der Katana wird für verschiedene Produktionsprozesse aber auch für Reparaturarbeiten eingesetzt. (12)

Paralellroboter liefern die Firmen ABB, Neos Robotics sowie SIG Pack Systems. Der SIG XR 22 erreicht durch Paralellkinematik eine Standardzykluszeit von 0,35 s bei 0,1 kg Last. Haupteinsatzbereich sind Automatisierungsaufgaben der Nahrungsmittel-, Elektronik-, Pharma- und Konsumgüterindustrie. (17)

Roboter für das Materialhandling

Eine Entwicklung der Firmen Siemens und Kuka ist

ein Roboter, der 350 Kartons pro Stunde auf Paletten platzieren kann. Er erreicht dabei eine Packdichte von mehr als 80 Prozent und übertrifft damit einen professionellen, menschlichen Packer. Eingesetzt werden kann der Roboter beispielsweise in Supermarkt-Zwischenlagern oder ähnlichen Betrieben. (8)

Großbrauereien wie die Kulmbacher Brauerei oder das Leipziger Brauhaus setzen für die Flaschen- und Kastensortierung Roboterlösungen ein und erzielen damit Kosteneinsparungen von bis zu 50 Prozent gegenüber der manuellen Sortierung. (9)

Überwachungsroboter

Die mobilen Überwachungsroboter von Robowatch Technologies GmbH, Berlin sind bei namhaften Unternehmen wie BASF, BMW und Securiton als Unterstützung für das Wachpersonal im Einsatz. Im November stellte Robowatch den Offroad-Roboter "Ofro" vor, der erstmals auch im Außenbereich eingesetzt werden kann. Die nächste Robowatch-Entwicklung ist ein Roboter, der Treppen steigen und damit für mehrere Etagen von Gebäuden genutzt werden kann. (3), (16)

Roboterentwicklungen für Alltag und Haushalt

Raccoon (Waschbär) heißt der von dem Fraunhofer IPA entwickelte Fensterputzroboter, der im Herbst vorgestellt wurde. Der kleine Roboter soll künftig für unter 200 Euro erhältlich sein. Allerdings werden noch Firmen gesucht, die an der Produktion des Waschbären interessiert sind. (18) Vom IPA stammen auch die autonomen, mobilen Roboter, die als Begrüßungs- und Animationsroboter im Museum für Kommunikation, Berlin fungieren.

Mit der Zielsetzung älteren oder pflegebedürftigen Menschen zu helfen wurde vom IPA der Care-O-Bot entwickelt. Der Care-O-Bot kann nicht nur den Tisch decken oder beim Aufstehen und Gehen helfen, er kann das Steuern der Haustechnik übernehmen sowie im Notfall den Arzt oder andere Hilfskräfte alarmieren. (www.ipa.fhg.de)

Eine Verbesserung der Nahrungsmittelversorgung von Menschen, die in klimatisch ungünstigen Gegenden leben, verspricht eine Entwicklung der Firma OrganiTech Inc., Israel. Der vollautomatische Farm-Roboter braucht nur Strom und etwas Wasser, um an jedem Punkt der Erde auf einer Fläche von 2,4 mal 12 Meter täglich bis zu 400 Salatköpfe oder anderes Blattgemüse zu produzieren. (19)

Weiterführende Literatur

(1) Böttger, Uwe, Deutschland ist weltweit zweitgrößter Nutzer von Robotern - Mit den eisernen Gesellen geht es wieder aufwärts, Industrieanzeiger Heft 49, 2003, S. 30
aus WirtschaftsBlatt, 28.11.2003, Nr. 2006, S. 16

(2) O. V., Boom bei Servicerobotik, Computer Zeitung, Heft 45, 2003, S. 2
aus WirtschaftsBlatt, 28.11.2003, Nr. 2006, S. 16

(3) Auf Nummer Sicher
aus Maschinenmarkt Facility Management Nr. 05 vom 15.10.2003

(4) Bosch Rexroth zeigt Roboter auf der Motek Auch Unikate können automatisiert und rationell hergestellt werden
aus elektrotechnik Nr. 09 vom 18.09.2003 Seite 012

(5) Rötzer, Isolde, Die Kobots kommen - Engere Zusammenarbeit von Roboter und Mensch, handling, Heft 12, 2003
aus elektrotechnik Nr. 09 vom 18.09.2003 Seite 012

(6) Schmidt, Uwe, Roboter oder Manipulator? Kobots arbeiten eng mit dem Menschen zusammen, handling, Heft 12, 2003

aus elektrotechnik Nr. 09 vom 18.09.2003 Seite 012

(7) Hoffmann, Franz, Hand in Hand mit dem Roboter - Innovatives Personenschutzkonzept, handling, Heft 12, 2003
aus elektrotechnik Nr. 09 vom 18.09.2003 Seite 012

(8) O. V., Roboter als Hochstapler: Siemens und Kuka entwickeln Palettier-Automaten, DVZ, Nr. 142, 27.11.2003
aus elektrotechnik Nr. 09 vom 18.09.2003 Seite 012

(9) Innovatives Leergut-Handling
aus Brauwelt, 45/2003, S. 1484

(10) O. V., Roboter - intelligent und flexibel, mav maschinen anlagen verfahren, Heft 12, 2003, S. 70
aus Brauwelt, 45/2003, S. 1484

(11) Schrader, Christopher, Qrio rennt - Zum ersten Mal macht ein Roboter kleine Sprünge, Süddeutsche Zeitung, 19.12.2003, Ausgabe Deutschland, S. 10
aus Brauwelt, 45/2003, S. 1484

(12) Früh, Hansruedi / Baumberger, Katrin, Roboter, der beste Freund des Menschen - Kleine und flexible Automatisierungslösungen, handling, Heft 12, 2003
aus Brauwelt, 45/2003, S. 1484

(13) Herausforderung Hochgeschwindigkeitsmontage - Neue Trends für Industrieroboter
aus ZWF - Zeitschrift für wirtschaftlichen Fabrikbetrieb, Heft 10/2003, S. 510-513

(14) O. V., Gebrauchtroboter: Automatisieren zum Schnäppchenpreis, mav maschinen anlagen verfahren, Heft 10, 2003, S. 107
aus ZWF - Zeitschrift für wirtschaftlichen Fabrikbetrieb, Heft 10/2003, S. 510-513

(15) O. V., Robotikprofessor Knoll: Experten für autonome Systeme sind der Industrie willkommen - "Humanoiden-Forscher sind Embedded-Spezialisten", Computer Zeitung, Heft 49, 2003, S. 26
aus ZWF - Zeitschrift für wirtschaftlichen Fabrikbetrieb, Heft 10/2003, S. 510-513

(16) Robowatch - Geländegängiger Roboter überwacht Außenanlagen
aus Maschinenmarkt Nr. 47 vom 17.11.2003

(17) Getriebemotoren im schnellen Roboter - Überzeugende Standardzykluszeiten von 0,35 Sekunden
aus ke - konstruktion + engineering, Heft 10/2003, S. 14

(18) Simons, Florian, Fensterputzroboter - Waschbär putzt Scheiben, BM Bau- und Möbelschreiner, Heft 10, 2003, S. 70
aus ke - konstruktion + engineering, Heft 10/2003, S. 14

(19) Vollautomatische Farm-Container aus Israel sollen die Landwirtschaft revolutionieren Grüner Salat aus der Roboter-Box

aus Berliner Morgenpost, Jg. 105, 28.12.2003, Nr. 353, S. 9

Impressum

Robotik-Entwicklungen

Bibliografische Information der deutschen Nationalbibliothek

Die Deutsche Nationalbibliothek verzeichnet diese Publikation in der deutschen Nationalbibliografie; detaillierte bibliografische Daten sind im Internet über http://dnb.d-nb.de abrufbar.

ISBN: 978-3-7379-1030-9

© 2015 GBI-Genios Deutsche Wirtschaftsdatenbank GmbH, Freischützstraße 96, 81927 München, www.genios.de

Alle Rechte vorbehalten. Dieses Werk ist einschließlich aller seiner Teile – z.B. Texte, Tabellen und Grafiken - urheberrechtlich geschützt. Jede Verwertung außerhalb der Grenzen des Urheberrechtsgesetzes bedarf der vorherigen Zustimmung des Verlags. Dies gilt insbesondere auch für auszugsweise Nachdrucke, fotomechanische Vervielfältigungen (Fotokopie/Mikroskopie), Übersetzungen, Auswertungen durch Datenbanken oder ähnliche Einrichtungen und die Einspeicherung und Verarbeitung in elektronischen Systemen.